IZẸDO

Beginners Guide To Learning The Edo Language

PATRICIA I. AMU

IZẸDO: Beginners Guide To Learning The Edo Language.
ISBN: 0692331824
ISBN-13: 978-0692331828

Copyright © 2014 Patricia I. Amu

Published by
LIMOUX PUBLISHERS,
3853 S Ellis Ave, Suite 102,
Chicago, IL 60653

Cover Design by LIMOUX DESIGNS

All rights reserved. No part of this publication may be reproduced, stored in a retrieval system or be transmitted in any form or by any means without the express written consent of the publisher.

CONTENTS

Dedication		Page iv
Acknowledgement		Page v
Introduction		Page vi
Chapter One:	Alphabets	Page 1
Chapter Two:	Numbers	Page 3
Chapter Three:	Family/Friends	Page 5
Chapter Four:	Body	Page 8
Chapter Five:	Home	Page 10
Chapter Six:	Food/Utensils	Page 12
Chapter Seven:	Animals	Page 14
Chapter Eight:	Time	Page 16
Chapter Nine:	Greetings	Page 18
Chapter Ten:	Religion	Page 20
Chapter Eleven:	Travel/Clothing	Page 22
Chapter Twelve:	Directive Phrases	Page 24
Chapter Thirteen	Active Phrases	Page 29
Chapter Fourteen	Common Word	Page 33
Chapter Fifteen	Questions/Responses	Page 37
About the author		Page 40

DEDICATION

This book is dedicated to all my Grandchildren.

ACKNOWLEDGMENTS

Writing a book is a wonderful experience and I most certainly would not have been able to do it alone. First and foremost my thanks to God almighty through whom everything is possible. He made writing this book possible.

To my better half, my husband, my soul mate Julius, I say thank you for your unchanging support in all I desire.

My particular thanks goes to my children Omokhai Imoukhuede, my publisher, who worked diligently to give life to Izẹdo and Omokhosen Imoukhuede, for her passion for Izẹdo.

Special thanks goes Pastor Javis Jacob Ighile, my brother for his assistance in editing this book.

INTRODUCTION

The Edo language is a beautiful language that has been in existence for hundreds of years. This language is primarily spoken in Edo State located in the south-western region of Nigeria among the Binis.

In the course of writing this book which is an introductory work on the Edo language, I realized that many children of Benin/Ẹdo parentage, my children inclusive do not speak or know simple words in Ẹdo.

This book teaches alphabets, numbers, vocabulary, and phrases. It is an attempt to help anyone who desires to learn and assimilate as easily as possible simple conversational expression in Ẹdo. This book IZẸDO which means "I speak Edo," is for all ages and backgrounds.

To aid your learning experience, we have also included an accompanying CD to help you with the appropriate way to pronounce the alphabets, consonants and various sentences.

Enjoy the book as you learn the beauty of IZẸDO.

......Patricia Iyen Amu

CHAPTER ONE

ALPHABETS

Aa	Bb	Dd	Ee	Ẹẹ	Ff	Gg
(as in "a" in bat)	(as in "b" in bee)	(as in "d" in did)	(as in "a" in cake)	(as in "e" in bed)	(as in "f" in fee)	(as in "g" in gift)
Hh	**Ii**	**Kk**	**Ll**	**Mm**	**Nn**	**Oo**
(as in "h" in he)	(as in "e" in eel)	(as in "k" in okay)	(as in "l" in lay)	(as in "m" in me)	(as in "n" in needle)	(as in "o" in own)
Ọọ	**Pp**	**Rr**	**Ss**	**Tt**	**Uu**	**Vv**
(as in "o" in orange)	(as "p" in pea)	(as in "r" in ring)	(as in "s" in sea)	(as in "t" in tea)	(as in "u" in put)	(as in "v" in victor)
Ww	**Yy**	**Zz**				
(as in "w" in we)	(as in "y" in yield)	(as in "z" in zip)				

VOWELS

Aa	Ee	Ẹẹ	Ii	Oo	Ọọ	Uu
as in A**revba** meaning "who is there?"	as in E**be** meaning "book"	as in **Ẹgbẹ** meaning "Family"	as in **Igho** meaning "Money"	as in O**dẹ** meaning "Road"	as in **Ọbo** meaning "Doctor"	as in U**koni** meaning "Kitchen"

DOUBLE CONSONANTS

GB	GH	KH	KP	MW	RH	RR	VB
as in E**gb**e meaning "Body"	as in Ẹ**gh**ẹ meaning "Time"	as in O**kh**a meaning "Story"	as in **Kp**aa meaning "to lift up"	as in A**mw**ẹn meaning "wife"	as in **Rh**iemẹn meaning "give me"	as in I**rr**ẹnẹ meaning "I have arrived"	as in **Vb**ọyehẹ meaning How are you doing?

CHAPTER TWO

NUMBERS

Owo / *One*
Eva / *Two*
Eha / *Three*
Enẹ / *Four*
Isẹn / *Five*
Ehan / *Six*
Ihinrọn / *Seven*
Erẹnrẹn / *Eight*
Ihinrin / *Nine*
Igbe / *Ten*
Owọrọ / *Eleven*
Iweva / *Twelve*
Iwerha / *Thirteen*

Iwenẹ / *Fourteen*
Ekesugie / *Fifteen*
Enẹrọvbugie / *Sixteen*
Ehaṛọvbugie / *Seventeen*
Evarọvbugie / *Eighteen*
Ọkparọvbugie / *Nineteen*
Ugie / *Twenty*
Ọkpyanugie / *Twenty One*
Evayanugie / *Twenty Two*
Ehayanugie / *Twenty Three*
Enẹyanugie / *Twenty Four*
Ekesọgban / *Twenty Five*
Enẹrọvbọgban / *Twenty Six*
Eharọvbọgban / *Twenty Seven*
Evarọvbọgban / *Twenty Eight*
Oparọvbọgban / *Twenty Nine*
Ọgban / *Thirty*

CHAPTER THREE

FAMILY AND FRIENDS

Ebaba	Father
Erha	Father
Erhamwẹn	My father
Erhaa	Your father
Iye	Mother
Iyemwẹn	My mother
Iyuẹ	Your mother
Ọdafẹn	Husband
Ọdọmwẹn	My husband
Ọdafon	Your husband
Amwẹn	Wife
Ọvbokhanmwẹn	My wife
Ọvbokhann	Your wife
Okpia	Man
Okhuo	Woman

Emo	Children
Ọvbokhunvbi	Young lady
Ọvbokhan	Child
Ibieka	Children
Ọmokpia	Boy
Ọmokhuo	Girl
Ọmọmọ	Baby
Ovbimwẹn	My child
Ivbimwẹn	My children
Etẹn	Relative
Ọtẹnmwẹn	My relative
Ovbiye	Brother, Sister
Ovbierha	Brother, Sister
Ovbiererha	Uncle, Aunt
Ovbiyiye	Uncle, Aunt
Iyenọkhua	Grand mother
Iyiye	Grand mother
Erherha,	Grand father

Erhanọkhua	Grand father
Baba nọkhua	Grand father
Eyẹ	Grand Child
Ovbiye nẹkhere	little or younger brother or sister
Ovbierha nekhere	Little or younger brother or sister
Ovbiye nọ ọdiọn	Older brother or sister
Ovbierha nọ ọdiọn	Older brother or sister
Orhuan	Inlaw
Orhuan mwẹn	My inlaw
Ọdafen ovbi mwẹn	My son inlaw
Ọvbokhọn ovbi mwẹn	My daughter inlaw
Eyẹ no okhuo	Grand daughter
Eyẹ no okpia	Grand son
Ọse	Friend
Ọse opkia	Boy friend
Ọse okhuo	Girl friend
Ọsemwẹn	My friend
Ogieva	Partner

CHAPTER FOUR

BODY

Egbe	Body
Uhumwun	Head
Eto	Hair
Ẹyan	Neck
Ugbaro	Forehead
Aro	Eyes
Ehọ	Ears
Ihue	Nose
Unu	Mouth
Agbanmwẹn	Jaw
Akọn	Teeth
Aranmwẹn	Tongue
Izabọ	Shoulder
Ẹwẹẹ	Chest
Ẹkun	Waist, Hip

Ukhọn	Belly button
Obọ	hand
Ikpianbọ	Finger
Iyeke	back
Odaro	Front
Ikebe	bottom
Owẹ	leg
Ikpianwẹ	toe

CHAPTER FIVE

HOME

Owa	home, house
Odore	Front entrance
Iba	Patio
Ibare	Front Patio
Ipalọ	Living room
Uugha	Room
Egbekẹn	Wall
Owekẹn	Mud House
Ukoni	Kitchen
Egbowa	Toilet
Uukpo	Bed
Ukohun	Pillow
Aga	Chair
Eteburu	Table
Urho, Ẹkhu	Door

Ewindo	Window
Iyekowa	Backyard
Ẹghodo	Court Yard
Otọ	Ground
Ekhai	Sand
Ukpa	Light

CHAPTER SIX

FOOD AND UTENSILS

Evbare	Food
Emiowo	Meat
Uwọnmwẹn	Soup
Amẹn	Water
Ayọn	Alcohol, Wine, Beer
Afọ	Vegetable
Iyan	Yams
Ere	Beans
Izẹ	Rice
Ekẹn	Eggs
Ebrẹd	Bread
Ẹba	Casava meal
Gari	Casava flour
Ọghẹdẹ	Plantain
Ọghẹdebo	Banana
Ẹdinebo	Pineapple

Orunmwebo	Avocado
Ẹhiẹn	Pepper
Ofigbọn	Palm Oil
Ororo	Vegetable Oil
Umwẹn	Salt
Ikhiavbọ	Okra
Etomato	Tomatoes
Alimo	Oranges
Isaẹwẹ	Groundnuts
Dodo	Fried plantain
Emiliki	Milk
Izenọfua	Cray fish
Uwawa	Pot
Ekuyẹ, Umwẹnhẹn	Spoon
Ekpamakun	Plate
Ukpu	Cup
Abẹ	Knife

CHAPTER SEVEN

ANIMALS

Ẹmila	Cow
Emalu	Cattle
Ẹwe	Goat
Ọkhọkhọ	Fowl, Chicken
Ẹsin	Horse
Ekita	Dog
Ologbo	Cat
Ohuan	Sheep
Egui	Tortoise
Eni	Elephant
Ẹkpẹn	Tiger, Leopard
Ofẹn	Rat
Ọfiotọ	Rabit
Esiebo	Pig
Ẹyẹn	Snake

SEASONS

Edo	English
Ovẹn	Sun
Ẹhoho	Wind
Uki	Moon
Orhọnmwẹn	Star
Ẹghorhọ	Raining season
Ẹghato	Dry season
Amẹn rhọ	It is raining
Orhogho	Flood
Ẹhoho bọnmwẹn	It is windy
Ovẹn yunmwun	It is sunny
Ẹghẹ okhuakhua	Harmattan season
Ẹmwinupko	End or New Year season
Avan	Thunder
Akota	Evening

CHAPTER EIGHT

T I M E

Ẹghẹ	Time
Ẹgogo	Gong, clock, watch
Inu ẹgogo ohe tu	what is the time?
Ẹgo ọpka	1 o'clock
Ẹgo eva	2 o'clock
Ẹgo eha	3 o'clock
Ẹgo enẹ	4 o'clock
Ẹgo isẹn	5 o'clock
Ẹgo ehan	6 o'clock
Ẹgo ihirọn	7 o'clock
Ẹgoerẹrẹn	8 o'clock
Ẹgoihirin	9 o'clock
Ẹgoigbe	10 o'clock
Ẹgowọrọ	11 o'clock
Ẹgoiweva	12 o'clock

Owiẹ	morning
Avan	Afternoon
Ota	Evening
Asọn	Night
Ẹdẹ	Day
Ẹdẹgbe	Day Break
Ẹdẹmu	Night falls
Ẹrẹ	Today
Nodẹ	Yesterday
Akhuẹ	Tomorrow
Uzọla	Week
Uzọlana	This week
Uzọlanode	Next week
Uzọla nọgberha	Last week
Uki	Month, Moon
Ukina	This month
Uki nọde	Next month
Uki nọgberha	Last month
Ukpo	Year

CHAPTER NINE

GREETINGS

Otuẹ	Greeting
Kọyọ	Hello
Doo	Hello
Wado, Wakọyọ	Hello (plural)
Ọbowiẹ	Good morning
Wabowiẹ	Good morning (plural)
Ọbavan	Good afternoon
Wabavan	Good afternoon (plural)
Ọbota	Good evening
Wabota	Good evening (plural)
Ọbowa	Hello to anyone at home when you arrive home
Ọbevbaru	Well done
Vbọyẹhẹ	How are you?
Ọkhie vba zẹkpẹ	Goodbye, See you later
Ọkhian akhuẹ	Till tomorrow

Ọkhie owiẹ	Good night, Till morning
Gha fẹko	Be careful, Take it easy
Ọkhiẹn werẹ	Safe journey
Iyare	Safe journey
Ọkhiẹn ẹdẹhia	See you sometime
Ọkhie uzọla na	Till this week
Ọkhie uzọla node	Till next week
Ọkhie uki na	Till this month
Ọkhie uki nọde	Till next month
Ọbokhian	Welcome
Ise lo ogbe	Happy New Year
Ogbe ma vbe diaru	We shall prosper in the Near Year

CHAPTER TEN

RELIGION

Osa	God
Osalobuwa	Almighty God
Ẹsọhẹ ọghe Osalobuwa	God's Grace
Ẹsọhẹ	Grace
Iyayi	Faith
Iyosa yi	I believe in God
Itohan	Mercy
Ilekhuẹ	Forgive
Imiẹfan	Redeemed, saved, liberated
Ẹrhimwin Ọfumwẹngbe	Heaven
Ẹrhimwin erhẹn	Hell
Owugamwẹn	Church
Ẹguaosa	Church
Ebe nọ huarẹn	Holy Bible
Orhiọn	Spirit

Orhiọn nọhuanrẹn	Holy Spirit
Ọkporhu, Ohẹn, Ọwaẹsu	Pastor
Kporhu	Preach
Erhumwun	Prayer
Nerhumwun	Pray
Gbohanmwẹn, muawẹ	Fast

CHAPTER ELEVEN

TRAVEL AND CLOTHING

Oberha	Right
Obiye	left
Okhian	Walk
Rhulẹ	Run
Mudia	Stand, wait
Okotọ, Imọto	Car, Bus
Okẹhoho	Airplane
Ikẹkẹ	Bicycle
Ọkọ	Boat
Vbuarie	Where are you going?
Vbuakede	Where are you coming from?
Vbuayo	Where did you go?
Iri ore	I am going out
Irri owa	I am going home
Irre nẹ	I am back, I have come

CLOTHING/ACCESSORIES

Ukpọn	Clothes
Ẹwu	Dress
Ẹkpo	Bag
Ibata	Shoes
Utalawẹ	Trousers/Pants
Asokosagba	Briefs
Edros	panties
Ukhiọnfọ	Scarf, Handkerchief
Oyiya	Comb
Ughegbẹ	Mirror
Ive	Cora Beads
Emieho	Earrings
Emiegbe	Beads Necklace
Ughede	Reading/Sun Glasses

CHAPTER TWELVE

DIRECTIVE PHRASES

Lare	Come
Lare mwan	Come here
Lare vbe dirian	Come this way
Lare vbo odaro	Come forward
Lagho odi iyeke	Come backward
Ghakhian	Go
Wa ghakhian	Go (plural)
Khian gho odaro	Go or walk forward
Khian gho odaro	Move forward
Khian gho idiyeke	Walk or go backward
Lawa	Come in
Lawa	Go in
Ladian	Come out
Ladian	Go out
Mudia kẹ	Stand by it

Mudia ke mwẹn	Stand by me
Mudia khẹ mwẹn	Wait for me
Mudia ye mwan	Stand here
Mudia ye mwan	Wait here
Mudia ye evba	Stand there
Mudia ye evba	Wait there
Mudia yo odọ	Stand over there
Tota	Sit
Tota	Sit down
Tota ke mwẹn	Sit by me
Tota ye evba	Sit there
Tota ye mwan	Sit here
Tota yo odọ	Sit over there
Tota khe mwẹn	Sit and wait for me
Rhie	Take
Rie mẹn	Give me
Rie rre	Bring it
Rie nẹ	Give her

Edo	English
Rie nẹ	Give him
Fian	Cut
Fian	Cut it
ẹẹn	Yes
Fian mẹn	Cut for me
Fiẹn ekhere mẹ	Cut a little for me
Diayi	Hold it, stop
Muẹn	Carry
Mu yotọ	Put it down
Kpaẹgbe	Get up
Kpaẹgbe mudia	Get up and stand
Ghe	Look
Ghẹrẹ	Look at it
Ghe mwan	Look here
Ghe mwẹn	Look at me
Ghe mwen	I am here
Ghe uwẹre	Look inside
Ghe egbẹre	Look outside it
Ghe egbẹre	Look beside it

Iyobọ	help
Yọ mwobọ	Help me
Ẹghi kpokpo mwẹn	Stop troubling me
Arie uhunmwun na gie	Go on an errand
Ghẹ muohu	Don't be angry
Ghẹ mumwo ohu	Don't annoy me
Tie olapa	Call the police
Khui ẹkhu	Lock the door
Kie ẹkhu mẹ	Open the door for me
Kie nẹ	Open for her
Kie ne	Open for him
Kie ẹkhu	Open the door
Kie mẹ	Open for me
Tamaa rẹn	Tell her,
Tamaa rẹn	Tell him
Tamaa mwẹn	Tell me
Ye mwẹn re	Remind me
Ye mwẹn re	Remember me
Gbaro ghe	Look after
Gbaro ghe	Take care of

Edo	English
Gbaro ghowa	Look after the house
Gbaro ghemọn	Look after or take care of the children
Gbaro ghe ekita	Look after the dog
Nerhumwun nima	Pray for us
Nerhumwun mẹ	Pray for me
Bumwẹn gha de	Come and meet me
Do mumwẹn vbia zobọ	Pick me up when I close
Do vbamwẹn vba	Meet me up there
Hasa anyọn	Pay for the drinks
Kigho	Count the money
Tai	Say it
Ziegbe	Be patient

CHAPTER THIRTEEN

ACTIVE PHRASES

I khie vbare	I sell food
I khie amẹn	I sell water
I khie ayọn	I sell drinks
I khie ukpọn	I sell clothes
I khie ibata	I sell shoes
I da ayọn	I am drinking alcoholic drink
I dẹ ayọn	I bought drinks
I hasa	I am paying
I hasa nẹ	I have paid
I ka igho	I am counting money
Ohanmẹn gbemwẹn	I am thirsty
Ovbe humwẹn	I am sleepy
I vbiẹ	I am sleeping
Egbe wọmwẹn	I am tired
Egbe ma ranmwẹn	I am sick

IZEDO *Patricia A. Amu*

I rriẹ iwina	I going to work
I ki iwinade	I am returning from work
I ri isi iwina	I am at work
I rrie owebe	I am going to school
Ohanmwẹn gbemwẹn	I am hungry
I rriẹ owisinmwinegbe	I am going to the Hospital
I rriẹ uwugamwẹn	I am going to church
Igbo ohanmwẹn	I am fasting
I ne rhumwun	I am praying
I rrie ẹki	I am going to the shop
I le evbare	I am cooking
I họ ukpon	I am washing clothes
I lọ ukpon	I am ironing clothes
I rie evbare	I am eating
I mudia	I am standing
I tota	I am sitting
I ghe tv	I am watching TV
I tie ebe	I am reading

I fi imọto	I am driving
I khuẹ	I am bathing
I mue egbe	I am dressing up
I lo vbiẹ	I am lying down
I guan	I am speaking
I guan	I am talking
I ru emwin	I am busy
I mohu	I am angry
Kpobọ	Clap hands
Kpobọ	Wash hands
I gbe	I am dancing
I rẹ uwue imọto	I am inside the car
I rẹ iyeke owa	I am at the back of the house
I rẹ odaro owa	I am at the front of the house
I rẹ owowa	I am inside the house
I rrie owa	I am going home
Ma rrie owa	We are going home
Ni ya miọn ọbo/Dokita	To see the doctor
Yalekhuemwẹn	Forgive me

Ẹgogo erẹnrẹn maya lawa vbe owebe..... We start school at 8am

Ẹgogo eha maya zobọ vbe owebe .... We close school at 3pm

Osarẹ tin mwẹn .... God is my strength

Osa miẹmwẹn fan .... God has saved me,

Osa miẹmwẹn fan .... God has redeemed me

Egbe mwẹn ton .... I have fever

Afierhan fiamwẹn .... I have head ache

Owe khiamwẹn .... My feet is aching

Eko lọghọ mwẹn .... I have stomach ache

I muẹtin yan Osalobuwa .... I believe in God

I yo Osalobuwa yi .... I have faith in God

Ehọ khia mwẹn .... My ear is aching

Uruẹse .... Thank you

CHAPTER FOURTEEN

COMMON WORDS

Ẹo	No
Lahọ	Please
Lahọ	I beg
Ukpokpo	Trouble
Ohu	Anger
Ohu	Annoyance
Olapa	Police
Ọgbalegbe	Police
Khui	Lock
Kie	Open
Khiẹn	Sell
Igho	Money
Dẹ	Buy
Hasa	Pay
Ohan	Fear
Kha	Say

IZẸDO *Patricia A. Amu*

Tamaa	Tell
Yere	Remember
Ohamwẹn	Hunger
Ohanmẹn	Thirst
Rhiọrre	Wake
Zẹgiẹ	Quick
Zẹgiẹ	Quickly
Iziegbe	patience
Ọma	Good
Ọrhiae	Spoilt
Akugbe	Unity
A tai	Who said
I tai nẹ	I have said it
Ọma gbe	Very good
Ẹma	Bad
Ema	Not good
Ẹdogbo	Area

Ẹdogbo	County
Ẹvbo	Town
Evbo	Language
Evbo	People
Ikuanegbe	Accident
Wa kugbe	Be united
Egberanmwẹn	Health
Egberhanmwen	Healthy
Idumwun	Street
Etin	Power
Ugbo	Farm
Zabọ	Hurry
Edanmwẹn	Test
Edanmwen	Examination
Egbalaka	Lader
Egbakhian	Lovers
Efa	Disgrace
Ebuka	Food canteen
Ebaan	Now

Don	Emaciated
Dede	Embrace
Bọọ	Console
Yighe	Weak
Ada	Crossroads
Ada	Junction
Ekhue	Shame
Isẹ	Amen
Ahẹn	Sieve

CHAPTER FIFTEEN

QUESTIONS AND RESPONSES

Arevba	Who is there?
Mẹnon	It is me
Vbuaho	What do you want?
I hu evbare	I want food
Vbọho	What does he want?
O hue avbare	He wants food
Vbọho	What does she want?
Ọ hue evbare	She wants food.
Vbọkhin	What is it?
Vbọkhin	What?
Ere mwin rhọkpa	It's nothing
Anọ	Who is it?
Osen nọ	It is Osen
Anakhin	Who is this?
Osen nakhin	This is Osen

Edo	English
Deke nọkhin	Where is it?
Emwan nọ	It is here
Dẹghẹ nọkhin	What time is it?
Babana nọ	It is now
De nọkhin	Which is it?
De nọkhin	Which
Ọ na nọ	It is this
Vbọ zẹ	What is responsible? Why?
Rhumwuda ẹghẹ see	Because it is time
Dẹdẹ nokhin	What day is it?
Akhue nọ	It is tomorrow
Di idumwun nọkhin	What is the street?
Idumwun Ewasede nọ	It is Ewasede Street
Dẹ ẹdogbo nokhin	What area or is this?
Oredo nọ	It is Oredo
Vbati ẹvbona	What is this town called?
Ẹvbona ọre Ẹdo	This town is called Edo
Vbatiẹ Idumwu na	What is this street called?
Ẹwasẹdẹ ẹrẹ atie Idumwu na	This street is called Ewasede

Vbatiẹ ẹdogbona	What is this area called?
Oredo ẹrẹ atie ẹdogbona	This area is called Oredo
Vbua khahẹ	What did you say?
I wẹ koyo	I said hello.
Inigho	How much?
Niara eva nọ	It is two Niara
Inigho nọ	How much is it?
Edollar eva nọ	It is two Dollars
Ayan ebe na	Who owns this book?
Ogho mwẹn nọ	It is mine
Aro owa	Who is at home?
Oje ro owa	Oje is at home
Ayan imọto	Who owns the car?
Oje ọyan imọto	Oje owns the car
Vbuaye	Where are you
Ire mwan	I am here

ABOUT THE AUTHOR

Mrs Patricia Amu is a seasoned entrepreneur who over the last 40 years has founded several thriving businesses.
Mrs Amu was born in Benin City to Pa Jacob Edugie Ighile a prominent local leader in Orhionmwon local government, a county in Edo State, Nigeria.
She is married to Julius Amu. She is a mother and a grandmother. .
In her spare time, she enjoys reading, writing and learning languages.

www.ingramcontent.com/pod-product-compliance
Lightning Source LLC
Chambersburg PA
CBHW072040060426
42449CB00010BA/2368